王　皓◎著

股票投资人成长记录

——学习股票投资的90点心得体会

中国商业出版社

图书在版编目（CIP）数据

股票投资人成长记录 ：学习股票投资的 90 点心得体会 / 王皓著. -- 北京 ：中国商业出版社，2025. 4.
ISBN 978-7-5208-3366-0

Ⅰ. F830.91

中国国家版本馆 CIP 数据核字第 2025HL4134 号

责任编辑：许启民
策划编辑：武维胜

中国商业出版社出版发行
（www.zgsycb.com　100053　北京广安门内报国寺 1 号）
总编室：010-63180647　编辑室：010-83128926
发行部：010-83120835/8286
新华书店经销
武汉鑫佳捷印务有限公司印刷
*
710 毫米 ×1000 毫米　32 开　4.5 印张　39 千字
2025 年 4 月第 1 版　2025 年 4 月第 1 次印刷
定价：36.00 元
* * * *
（如有印装质量问题可更换）

前言

《股票投资人成长记录》一书的 90 点投资经验分享全面概括了股票投资的核心知识要点。

该书的要点包括投资准备、公司常识、价格判断、价值分析、心理建设、投资陷阱等。

本书运用一图一文的形式，通过幽默的语言并结合个人投资实践经验，对上述要点进行了逐一阐释。简洁的文字与幽默的图画相得益彰，翻开此书便会有耳目一新的感觉。

在一百多页轻松有趣的阅读过程中，您不知不觉就学完了股票投资所需掌握的知识。

contents

目录

心得一：投资忠告

千万别购买股票（劳心、费力、耗神）。

心得二：品德与智慧

智慧是投资的基石，良好品德则是开启智慧大门的钥匙。

良好的品德培养主要通过读书明理，修己安人，行善积德，自利利他来实现。

心得三：股票是什么

股票是上市公司在证券交易所发行并公开交易的一种有价凭证（购买股票就是购买该公司的股份，选择成为该公司的股东）。

股票投资回报主要有两种方式：

1. 股价溢价；

2. 股息派发。

投资回报：大众投资者多以股价溢价为主，股息为辅。

心得四：股票投资是什么

股票投资 = 人生“修炼”。

投资是一项对个人综合能力要求极高的思维活动。

股票投资不仅需要克服人性的贪婪与恐惧，还需要精打细算的头脑，敏锐的商业嗅觉，超然世外的态度以及强大的情绪自控能力等。

如不具备上述能力，则面临以下两种选择：

1. 直接放弃股票投资；
2. 坚定投资并不断学习、提升。

心得五：远离让人头疼的媒体

新闻头条、媒体焦点、热门股票榜单等除了给投资者带来烦恼外，实际可利用价值不高。

心得六：保持谦虚

不论学历多高，头脑多活，实力多强，股票市场都是一个值得让投资者不断学习并保持谦虚的地方。

《易经》云“天道亏盈而益谦，地道变盈而流谦，鬼神害盈而福谦，人道恶盈而好谦”。

不管是投资，还是生活，唯有谦虚，百利无害。

HUMILITY

心得七：投资代价

承受股价短期波动以换取长期收益是投资过程中必须付出的代价。

小提示：可接受此代价则投，否则不投。

心得八：投资三宝

1. 国运

企业发展与国家命运紧密相连（国家为企业提供人才与制度保障，企业则为国家创造就业机会与税收收入）。

2. 寿命

寿命长短决定投资者是否能享受投资的最终“果实”。

3. 复利

时间累积的魔力，此魔力的魅力需投资者在实践中用心去体会。

小提示：身体第一，赚钱第二（千万别因投资拖垮了身体，破败了家庭）。

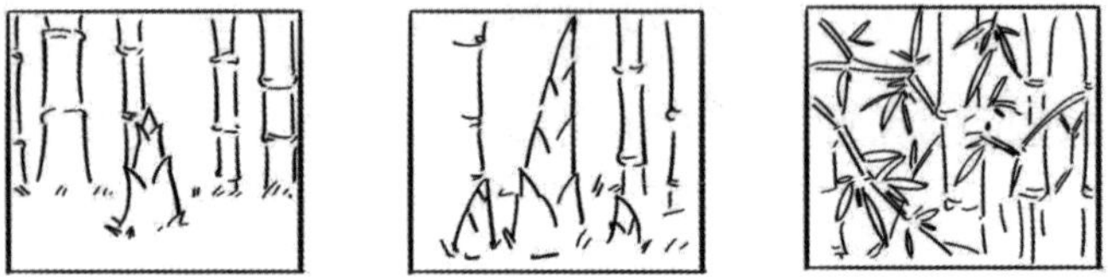

心得九：价格涨（跌）逻辑

1. 产品销售在前

产品市场热销在先。

2. 股价涨（跌）在中

股价随产品销售涨（跌）在中（需留意产品销售与股价涨跌之间的时间差）。

3. 财报业绩在后

财务经营数据发布在后。

小提示：该逻辑适用于多数公司，少数特殊公司除外。

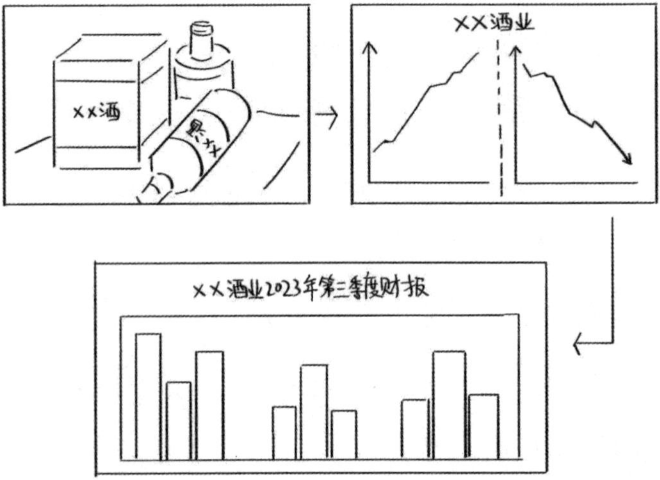
XX酒
XX酒业
XX酒业2023年第三季度财报

心得十：情绪“钟摆”

投资者情绪长期游走于两个极端：

极端情况一：过度兴奋。过度兴奋则“投钱如粪土”。

极端情况二：过度悲观。过度悲观则“守钱如宝贝”。

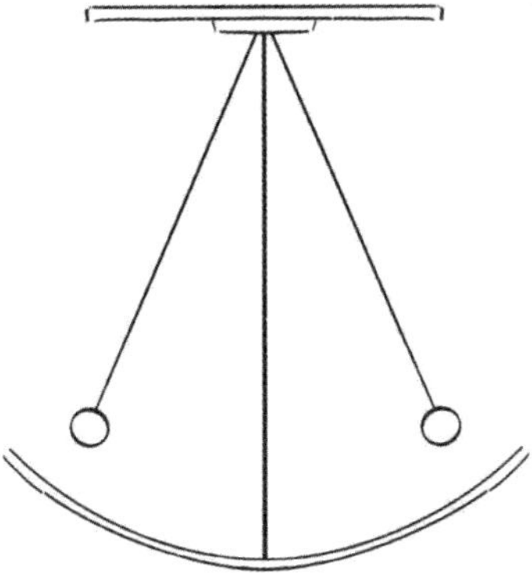

心得十一：持续学习

持续学习是投资长期成功的最有效方法（没有之一）。

学习主要分为两类：

1. 阅读书籍

包括历史、哲学、心理学、经济学、物理学、人物传记等。

2. 投资实践

跟随投资大师的脚步，吸取前人经验，掌握投资真谛（学习并快速吸取前人经验是投资成功的唯一捷径）。

当代投资大师推荐：菲利普·A. 费舍、查理·芒格、沃伦·巴菲特、约翰·邓普顿、彼得·林奇、霍华德·马克斯等。

沃伦·巴菲特作为当代投资的集大成者，其思考决策与买卖操作模式都值得大家反复揣摩与研究。

心得十二：不亏钱

股票投资第一条不亏钱，第二条永远记住第一条。

——摘录自股票投资大师语录

不亏钱的两大优势：

1. 不亏钱，即使投资决策失误也可全身而退，给投资者留出容错空间。

2. 不亏钱，则会大幅提升投资获利概率，俗话说“不亏即赚”。

小提示：任何投资的黄金法则都是“保本第一”，第二法则就是永远记住第一法则。

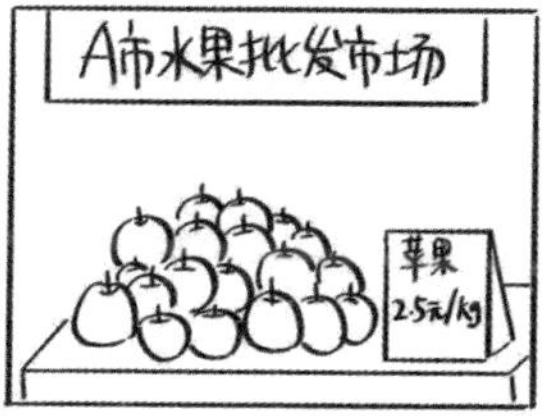
A市水果批发市场
苹果
2.5元/kg

自家果园
苹果
1.5元/kg

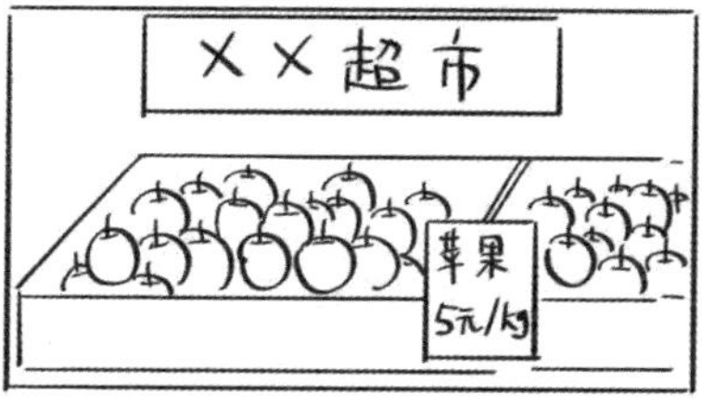
××超市
苹果
5元/kg

心得十三：最坏打算

1. 所投资公司股价暴跌 50% 及其以上。

2. 股市在一定时间内闭市（无法交易）。

小提示：在投资任何一家上市公司前都可“扪心自问”（可接受则投，反之则不投）。

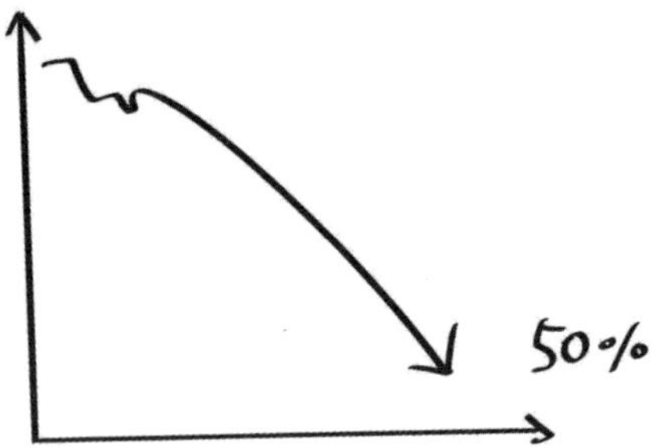

心得十四：投资风险

任何投资都有风险，股票投资自然也不例外。

投资者对于风险必须要有正确的认识。对风险的认识一句话即可，那就是“风险虽不可避免，但仍可合理控制”。

小提示：学会如何合理控制风险是股票投资需要学习的第一课。

心得十五：投资公式

股票投资成功公式 = 卓越企业 + 合理价格 + 足够资金 + 累积时间

1. 卓越：永争第一

卓越特征：立志高（永争第一），原则坚（尊重人性，重义兼利），产品精（精益求精），精神足（不服输，勇于拼搏），贡献大（高价值产品与服务）。

只有面对挑战并接受市场洗礼，不断自我革新，不断重生的企业才称得上卓越，才真正有资格站在世界巅峰！

2. 合理：低于价值

购买任何产品都是价格与价值之间的对比，股票也不例外。

合理即找到股票价格与企业价值之间

的平衡点。

3. 足够：金额最多

不同投资人所能投资的金额差异较大，足够更多是指个人投资者可长期投资金额的最大值。

4. 累积：时间积累

投资除需要足够的资金投入外，时间则是影响最终投资结果的又一核心变量。

卓越公司＋合理价格＋足够资金＋累积时间

＝

股票投资成功公式

心得十六：投资清单

投资清单主要包括：

1. 公司概述

公司商业模式、管理层、主营业务、竞争对手、未来发展等信息。

2. 公司财务数据

公司营业收入、利润、资产负债、现金流等信息。

3. 公司价值判断

股票价格与公司内在价值差（后面会详细介绍）。

小提示：建立投资清单是投资第一步（投资清单未确立前不建议投资）。

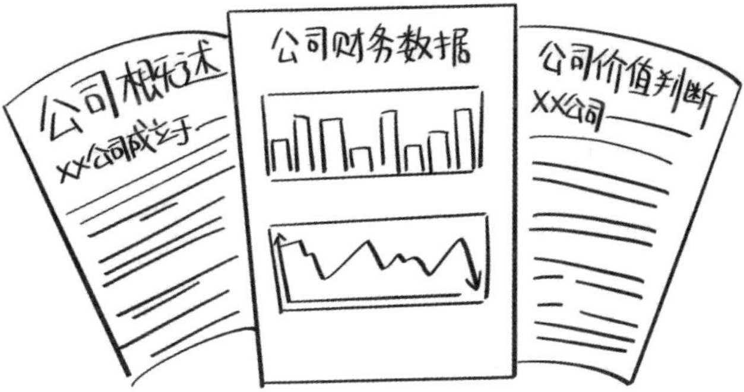
公司概述
XX公司成立于
公司财务数据
公司价值判断
XX公司

心得十七：价值判断

1. 企业存在价值

企业存在的价值在于服务顾客（服务就是为客户提供实用、便利且能满足其日常物质与精神需求的商品与服务）。

2. 价值判断

企业价值高低主要由企业所能服务的客户数量，以及所提供的商品 / 服务品质所决定。

3. 简易价值判断公式：

当前股票价格 / 未来每股营收（每股营收 = 营业收入 / 总股本）

当前股票价格 / 未来每股收益（每股收益 = 净利润 / 总股本）

• 小提示：

公式测算（参考）数值：小于10为佳。

未来期限：短期3–5年，长期10年以上。

总股本：流通股与总股本数之间并非完全一致（建议以总股本数作为计算分母）。

心得十八：财富捷径

捷径公式：工作 + 节俭 + 投资。

1. 工作

普通投资者最稳定的现金收入来源。

2. 节俭

节俭（物质与精神）的生活方式是幸福生活的基础，也是资本（投资本金）的重要来源。

3. 投资

财富增值的重要方式。

心得十九：行业选择

1. 类型一

行业快速成长，周期性强，抗通胀能力弱，进入门槛低。

快速成长，成长可持续时间短。

周期性强，公司业绩不稳定。

抗通胀能力弱，无法转移新增生产成本，降低公司未来盈利能力。

进入门槛低，竞争大，利润易被竞争对手抢夺。

2. 类型二

行业稳成长，周期性弱，抗通胀能力强，进入门槛高。

稳成长，成长可持续时间长。

周期性弱，公司业绩稳定。

抗通胀能力强，可以转移新增生产成本，提升公司未来盈利能力。

进入门槛高，竞争小，利润难被竞争对手抢夺。

企业新增生产成本转移主要通过流程优化、成本削减、效率提高、产品“瘦身”、提价等方式。

心得二十：逆向思维

股票投资需具备逆向思考的能力，逆向思考的核心就在“危机”二字。

危机危机，危中有机，从危险中发现机会就叫逆向思维。

小提示：逆向思维能力与人性相违背，极难培养。

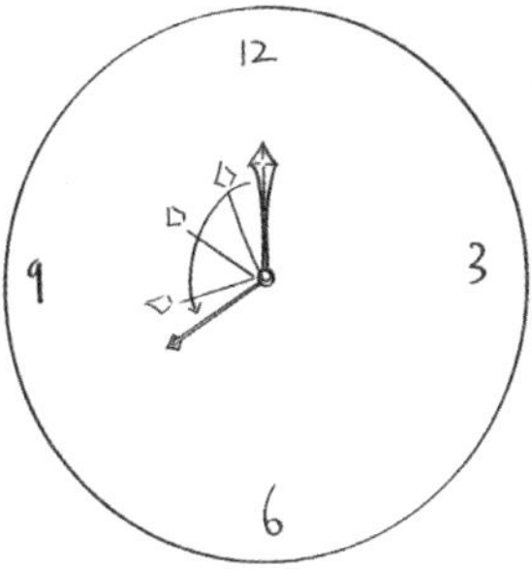

心得二十一：投资“四季”

股票投资犹如四季更替，有其自身的“春、夏、秋、冬”。

股票投资四季：

1. 春发芽

股票市场微涨，内部投资者入场。

2. 夏生长

股票市场缓涨，主力机构者入场。

3. 秋收获

股票市场暴涨，个人投资者入场。

4. 冬深藏

股票市场暴跌，个人投资者出局。

小提示：上述描述为投资的简易（大致）过程，仅供投资者参考。

心得二十二：投资智慧

投资智慧源自大量的知识学习，丰富的经验积累。

投资智慧主要体现在如下两个方面：

一是真理。辨别真伪，把握事物本质的能力。

二是心力。容纳事物大小的能力（心力越强，心量越大，智慧越深）。

智慧提升九字诀："多阅读，少欲望，常静心。"

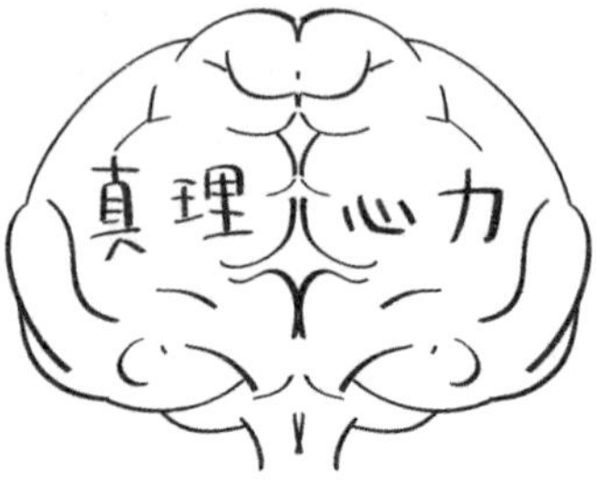

心得二十三：降低焦虑

任何人都无法避免投资中的心理压力与思想焦虑（差异只在其深浅程度与个人感知度）。

焦虑虽无法避免，但可降低其“破坏力”。

降低焦虑（参考）方式：

一是清楚为何买入（写下买入理由）。

二是通过投资清单对照，厘清思路，坚定信心。

三是选择性屏蔽市场交易信息、资讯等。

四是静坐（每日静坐对缓解焦虑大有裨益）。

小提示：焦虑不仅影响投资，更加影响投资人的生活与健康。

心得二十四：放下执念

投资者普遍执着于买入后股价的暴涨，而不愿接受股价的暴跌。但股票价格涨跌有其自身规律，并不会受到个人“执念”的影响（个人执念越深，越痛苦）。

股票涨跌站在不同立场来看会出现两种截然不同的结果。

一是对于未买入者（包括手握大量现金的观望者）而言，是一次低价买入的绝佳机会。

二是对于已高价买入者而言，则是被套牢的痛苦经历。

小提示：不过分执着于股价涨跌本身。尊重市场规律，做好该做的“工作”才是第一位（公司调查、清单整理等）。

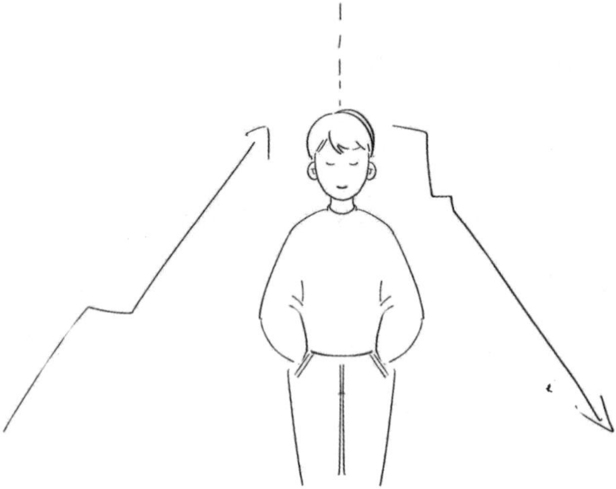

心得二十五：IPO（打新）

IPO（打新）是资本的“狂欢”，个人投资者的“赌场”。

部分投资者特别迷恋“打新股”，希望通过打新中签的方式实现快速致富的梦想（殊不知，十赌九输，财富反而漏得更快）。

心得二十六：节俭

企业节俭只有一个原则：当省不用，当用不省。

在竞争日趋激烈的商业环境中，只有拥有节俭品德的企业才会长久胜出。

企业节俭并非对员工吝啬，而更多是在管理过程中对成本的严格控制，在投资过程中对资本的有效利用等。

节俭经营是企业避免浪费，合理利用有限资源的重要手段。

一个拥有节俭品德的企业，其运营会更稳健，成长也会更长久。

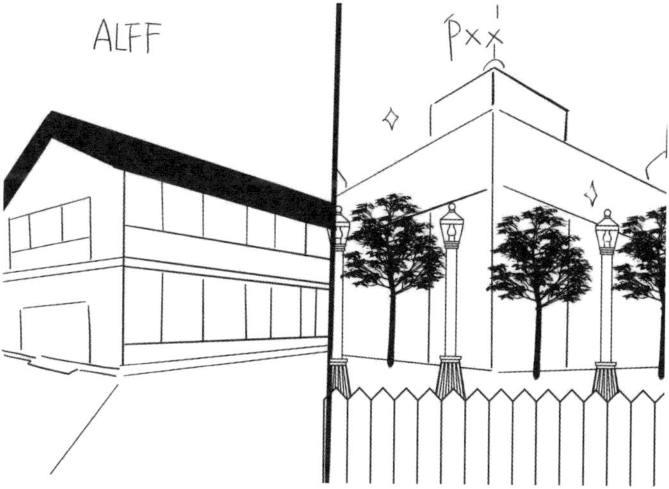
ALFF
PXX

心得二十七：把握先机

投资的真谛在于见微知著，提前布局。《货殖列传》中有句话很应景，那就是“旱则资舟，水则资车”。

俗语也云“第一个吃肉，第二个喝汤，第三个舔盘子”。

谁先把握机会，谁就能赚到“第一桶金”。

当人人都知道，人人都在买的时候，机会早已错失。

小提示：切忌追投市场热门股（建议多从“冷门股”中去寻找机会）。

先
机

心得二十八：成功与失败

成功与失败投资者的特征：

失败投资者往往不假思索，不择时机，冲动买入，然后反复调整。

成功投资者往往冷静思考，后视时机，客观买入，然后坚定持有。

失败投资者往往认为在买入后才能知晓投资结果（获利与否）。

成功投资者往往认为在买入前就能知晓投资结果（获利与否）。

心得二十九：机会发掘

市场从不缺乏投资机会，市场缺乏的是发现机会的“慧眼”。

不论外部环境如何变动，只有勤奋且具有独到眼光的投资者才能发现并把握住机会。

一个机会的把握就足以改变个人命运（财富）轨迹（像挖宝藏一样行动起来吧，投资者）。

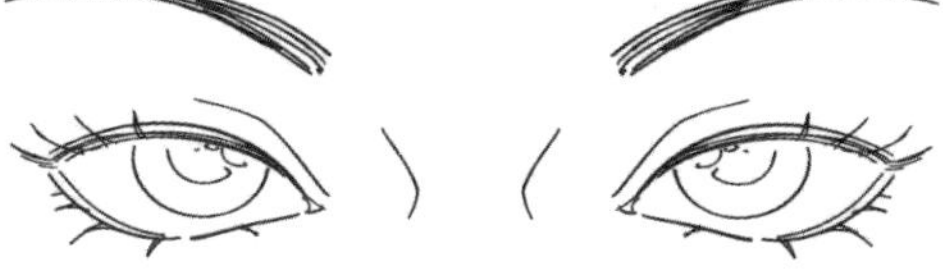

心得三十：投资中最难的事

耐心等待“果实成熟”应该说是投资中最难的事。

相信每位投资者都有过漫长等待的经历。

那么应该如何克服等待的痛苦呢？三个字：“熬！熬！熬！”

谁能熬到最后，谁就是胜出者。

小提示：熬并非“坐等”，而是在等待的过程中不断学习、沉淀、成长。

太想要
太想要

心得三十一：投资中的“从众心理”最危险

人人都在买，但忽略了这次不一样。

人人都在买，并不代表投资者要跟风去买，但人性弱点恰恰就在于此（大众买才买，否则便不买）。

这次不一样，随着股市暴涨暴跌，大众投资情绪也跟随股价的涨跌而沉浮，每次暴涨暴跌背后都有无数投资者被套牢的身影。

尽管如此，下次同样的情况仍旧会发生。投资者依旧选择性忽略历史的教训，并不断重复以往的过失。

股票交易大厅

心得三十二：放下包袱

放下思想包袱，轻装上阵。错失的机会不再来，新的机会正在等待。不再为错失的机会、亏损的金钱去担忧、去困扰。与其担忧过去，不如关注当下与未来。

投资者最不愿面对的就是失败。投资失败并不可怕，可怕的是永远不改正，不学习，不进步。

投资大师与大众投资者的最大区别就在于持续学习与不断进化的速度上（前者快速，后者停滞）。

改正提升则成为投资大师，否则便成为投资“韭菜”。

心得三十三：独立思考

投资需独立思考与决策（依靠他人意见、新闻媒体资讯等来做投资，永远不会成功）。

投资者尤其需警惕网络言论。

关于股市的网络言论多以段子、八卦为主。其目的多在于分散投资者注意力，扰乱投资者心智。

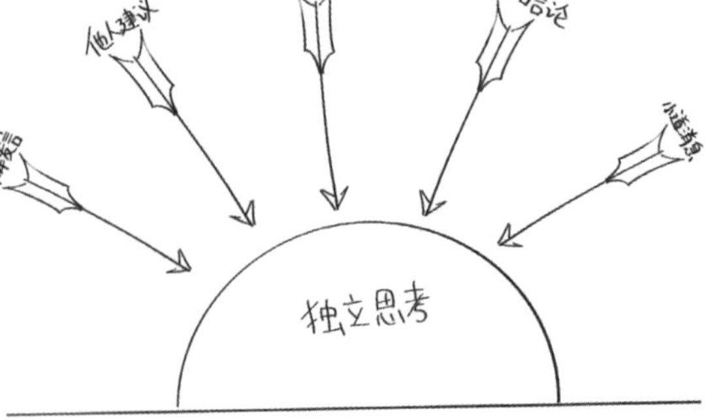

心得三十四：聚焦、聚焦再聚焦

投资组合不在多，贵在精。

投资者主要通过不断聚焦来完成投资组合筛选。

筛选聚焦主要分为以下三步：

第一步，初步筛选。以此找到投资者喜爱的公司。

第二步，淘汰公司。通过投资清单对上述公司进行排查并淘汰掉不符合标准的公司（严格按照清单标准进行筛选，不符合条件的公司务必淘汰，千万别为了投资而投资）。

第三步，名单确认。从剩余的公司中挑选不多于5家左右的公司进行投资。

小提示：少数几家卓越公司的长期持有是投资大师成功的秘诀。

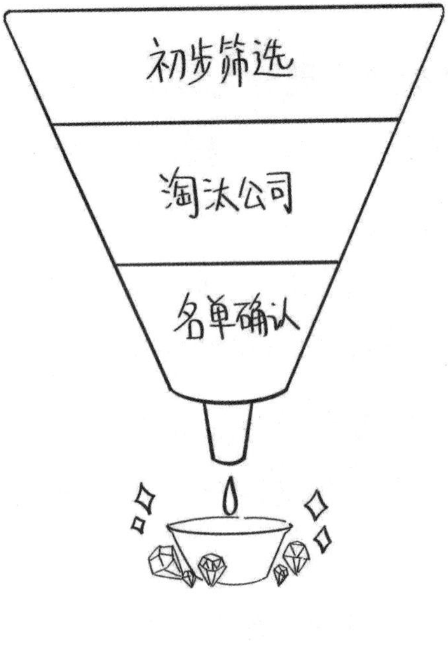

心得三十五：远离杂音

股票市场充斥着各种杂音。

股市骗局，操盘手操控股价，内幕交易等是日常投资者接触较多的。

为了更好地避免杂音干扰，投资者需专注于投资中最重要的事（公司调查、产品了解、投资清单整理、情绪把控等）。

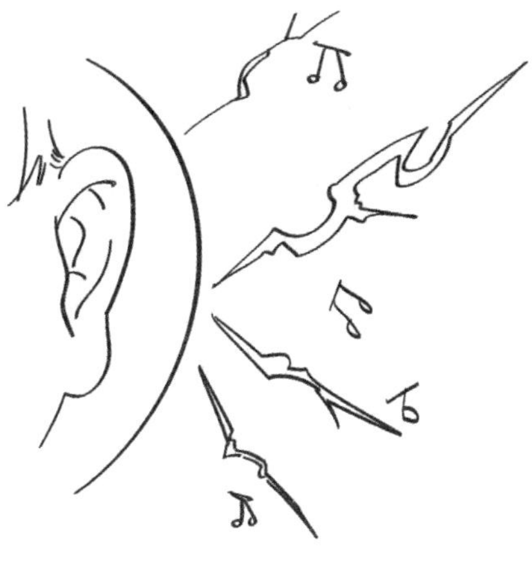

心得三十六：投资“宝地”

1. 购物门店

投资者在门店购买产品时对所购买产品的品质、销售情况、消费热度等进行深度观察（门店是投资者体验并发现好公司的“第一现场”）。

2. 消费者口碑

从消费者口碑中去寻找可靠的品牌（口碑 = 销售 = 股票价值）。

3. 行业竞争对手

从行业竞争对手中去找寻最具竞争力的公司（发现好公司的捷径）。

小提示：多从日常生活六大行业（衣、食、住、行、娱、用）中去发掘机会。

心得三十七：心理素质

拥有强大的心理素质是投资能否成功的重要前提。

投资者应具备以下两大心理素质：

一是持之以恒的耐心。耐心一方面是为等待投资机会的出现，另一方面则是为等待“收获季节”的到来。

二是当机立断的决心。机会来临，应当机立断，错失掉的机会让投资者后悔不已。

心得三十八：千里挑一

单一证券交易所交易的股票数量有上千只之多，但真正能为投资者带来长期稳定回报的公司则格外稀少。

“千里挑一”给到投资者两点启示：

一是轻易不投资。糟糕的机会比“坐等”更令人失望。

二是满仓投资。当寻找到一家符合投资（清单）标准的公司时，千万别错失掉机会。

小提示：机会稀缺，务必避开“碌碌无为”的企业。

机会稀缺，务必抓住人生中难得的机遇。

千里挑一

心得三十九：投股票 = 投管理

公司是由个人所组成的合作型组织，竞争力高低主要由领头人（CEO，董事会成员）的素质所决定。

想要获取高额回报就必须找到由“超人”所管理的卓越公司。

“超人”特质（参考）如下：

一要做正确事（不昧良心）。

二要谦虚低调（脚踏实地）。

三要学习力强（持续进化）。

四要直面挑战（百折不挠）。

五要专业（行业深耕）。

六要诚信（重视信誉）。

七要道德高（信因果，思利他）。

八要用心经营（致力于为用户持续提

供高价值产品与服务）。

九要拥有独特的经营哲学（经营哲学主要包括文化、思想、准则等）。

心得四十：多思考

投资者普遍分为以下两种类型：

第一种类型，投资者思考少，动作多。动作多则失误多，失误多则获利少。

第二种类型，投资者思考多，动作少。动作少则失误少，失误少则获利多。

小提示：大师级投资者主要来自第二种类型。

心得四十一：产品广告

广告是公司推广产品、提升产品知名度的重要途径，但并不一定是发现投资机会的理想之地。

产品畅销的公司都有如下特点：

一是销量高、口碑好，无须额外打广告。

二是节省不必要的成本支出（广告效果有限）。

三是集中有限资源（专注于产品与客户服务等更为重要的环节）。

小提示：投资者对通过广告途径来寻找投资公司需格外谨慎（机会总在“暗处”）。

11
xx饮料
xx家具
xx酒业

心得四十二：投资后遗症

股票投资后遗症主要有以下两类：

1. 赚钱后遗症

普通投资者赚钱后信心膨胀，从而盲目追加投资，最后血本无归。

选择离开股市，享受收益，挥金如土，最后所剩无几。

2. 亏钱后遗症

亏钱投资者普遍选择沮丧离场，不再投资。

心有不甘，咬牙切齿，誓必战胜市场，最后冲昏头脑，血本无归。

心得四十三：习惯培养

1. 阅读

大师级投资者日常最重要的工作就是阅读和思考。

2. 早起

一日之计在于晨。早起使人精力充沛，头脑清醒。

3. 适当活动

规律的活动对身心健康尤为重要。只有在身心健康的前提下，投资者思考才会“在线”。

4. 尝试冥想

冥想是放空身心的重要方法，也是清理“思想垃圾”，接收高维信息的重要途径。

5. 亲近自然

亲近自然，吸收能量，净化身心。

6. 合理饮食

合理的饮食结构是维持身心健康的基石。

心得四十四：书单推荐

1. 中文图书

《论语》《六项精进》

《大学》《思考快与慢》

《中庸》《思考致富》

《孟子》《穷爸爸与富爸爸》

《诗经》《枪炮病菌与钢铁》

《春秋》《富兰克林自传》

《古文观止》《安德鲁·卡内基自传》

《史记》《从优秀到卓越》

《了凡四训》《怎样选择成长股》

《如何找到 100 倍回报的股票》

《易经》《彼得林奇的成功投资》

《道德经》《投资中最重要的事》

《穷查理宝典》《巴菲特致股东的信》

2. 英语图书

《*The Snowball*》《*Tim Cook*》

《*The Laws of Human Nature*》

《*Why the West Rules For Now*》

《*The Lessons of History*》

小提示：以上书单仅供参考，投资者可结合自身兴趣爱好增减。

心得四十五：静

《礼记·大学》云“知止而后有定，定而后能静，静而后能安，安而后能虑，虑而后能得”。

投资只有在虑（思考）后才能有所得（获利），虑有所得的前提则需做到静（心静）。

心得四十六：K 线图

“K 线图分析法”是投资者常见的网络股票投资分析法。

K 线图不论日线、周线还是月线，其所呈现的都是“已过时”的交易数据。

通过“已过时”的交易数据所形成的走势图来预测股价未来的涨跌趋势，其结果可想而知。

心得四十七：10倍股

每位投资者都渴望寻找到能带来巨额回报的股票（公司）。

那么就先给自己设定一个小目标：找到人生中第一只10倍股（1000%收益）。

10倍股（参考）行业：

1. 大而强

行业龙头，具有一定的垄断优势且客户忠诚度高。

2. 小而精

细分领域龙头，在细分市场有独特的竞争优势且产品市场占有率高。

3. 反转股

市场“霸主”，偶遇突发状况（公司因短期销售不佳、政策变动、投资者认知偏差等因素所导致的短期股价暴跌）。

小提示：通过研究全球卓越公司（苹果公司、华为公司等）寻找成功企业模式。

心得四十八：基金≈股票

购买基金等于间接购买股票。

投资者所购买的基金类型大部分都属于股票型，其收益与股票涨跌直接相关。但在现实中部分基金购买者从不认为自己曾投资过股票，这是令人感到非常诧异的。

心得四十九：投资检验标准

投资组合是否能让投资者心安并每晚安稳睡眠是检验投资合格与否的重要标准。

心得五十：20/80 原则

20% 的公司带来 80% 的投资收益。

全球有上万家的上市公司，真正能够突出重围并给投资者带来长期回报的公司极少。

以标准普尔 500 指数为例，其头部 7 家公司（Mag7）对该指数的市值贡献率超过 30%（截止到 2024 年 3 月数据），其余公司的贡献率可忽略不计（493 家贡献 70% 市值，平均每家贡献 0.14%）。

心得五十一：72 原则

72 原则主要用于股票长期投资收益的计算。

以美国标准普尔 500 指数为例，该指数长期平均年化收益率为 10%（含通胀）。

72/10（年化收益率）即可计算出该笔投资倍增所需的年数。

小提示：该指数能否在未来继续保持长期增长，值得投资者深度思考。

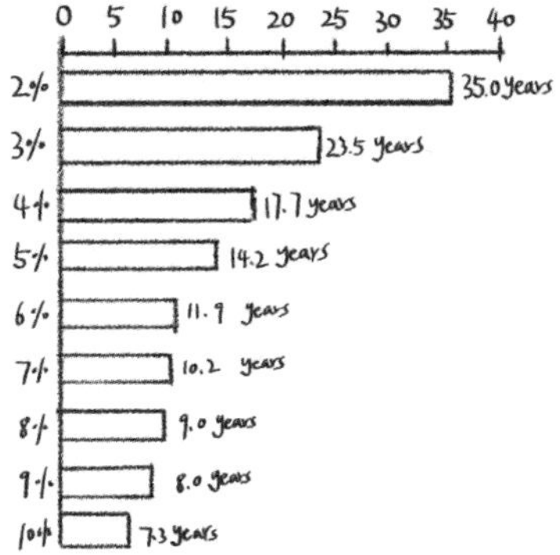

心得五十二：周期波动

小到个人，中到企业，大到国家，都有其自身的发展周期。

股市也有大小周期，小周期 3–5 年一次，大周期大约 10 年一次。

周期波动无法避免且极难预测，投资者所能做的就是“随时随机”调整（灵活调整投资组合以抵御市场周期波动）。

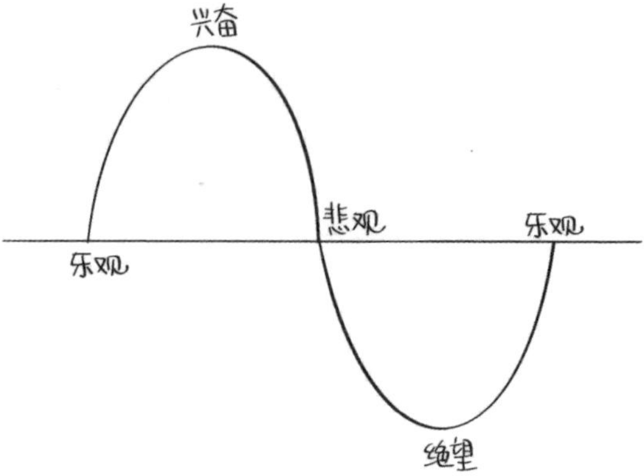

心得五十三：把握趋势

投资的本质在于把握未来发展趋势。

中国有句谚语“十年河东，十年河西”，就是对趋势转变的形象描述。

21 世纪初的全球发展趋势是互联网，那么未来的发展趋势又是什么呢？思考清楚这个问题，很重要。

小提示：趋势把握切忌盲目跟风，务必找到具有本土发展优势且财务稳健的公司。

心得五十四：关注个股

大盘暴涨会带来个股的普遍跟涨，因为大盘暴涨是大量资金涌入市场“扫货”的结果。

但个股暴涨则极少带来大盘的跟涨，因为个股暴涨主要与单个公司（未来发展，股票发行量与需求量大小、资金流入多少等）相关。

小提示：对个股（单个公司）的发掘是投资者日常“工作”的重心。

心得五十五：宏观环境

宏观环境主要包括金融方面的利率、汇率、通货膨胀率、市场方面的经济危机、政策方面的贸易保护以及军事方面的战争冲突等。

宏观环境变动与股票涨跌之间存在一定关联，但并非核心影响因素。

部分投资者企图通过宏观环境分析来预测股市未来涨跌趋势的方法并不十分可靠。

利率　汇率　通胀

心得五十六：公司“三懂”

懂模式，懂产品，懂财务。

1. 模式

模式包括公司的管理模式、盈利模式、竞争模式等。

2. 产品

产品包括公司的商品结构、产品竞争力、新品研发等。

3. 财务

财务包括公司的资产负债、利润、现金流等。

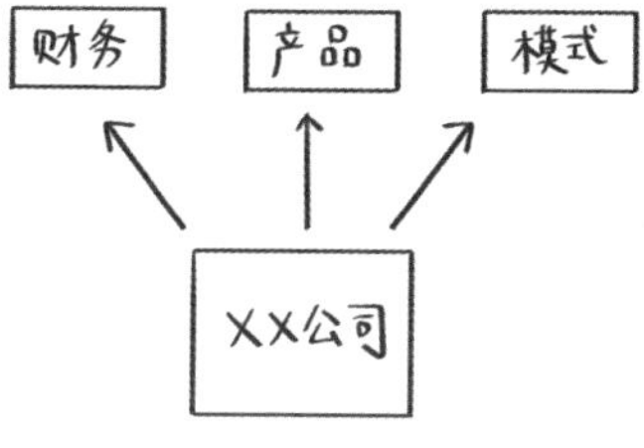

心得五十七：个人投资优势

个人投资者作为行业内从业人员，其优势在于企业第一手信息的掌握与运用。

企业信息主要包括管理信息、产品研发推广信息、市场销售信息、竞争对手信息、产品口碑信息等。

小提示：数字网络信息时代，信息就是财富（前提得掌握正确且有效的信息）。

心得五十八：情绪控制＞投资技巧

在别人贪婪时恐惧，在别人恐惧时贪婪。

——摘录自股票投资大师语录

投资者最难克服的情绪：贪婪与恐惧。

当股票暴涨时，投资者表现出的是贪婪，贪婪则会加剧投资者的疯狂购买行为，从而进一步推高股票价格（反之亦然）。

无论是贪婪引起的暴涨还是恐惧引起的暴跌，皆属于极端情况。其持续时间短，破坏力强是其反面。正面则是给到冷静投资者绝佳的低价（低成本）买入机会。

心得五十九：复利

复利的首要原则就是永远不要多此一举地打断它。

——摘录自股票投资大师语录

复利的核心在于不间断，长时间的积累，从而实现量变到质变的转换。

对于复利理解的深浅是区别投资大师与大众投资者的核心关键点（急功近利的投资者无法享受到复利积累所带来的财富，因为他们无时无刻不在打断它）。

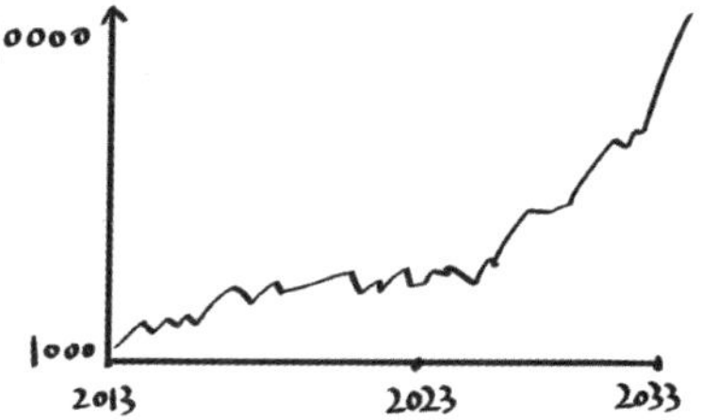

心得六十：长期思维

股票投资总是奖励长期“投资”者，惩罚短期“投机”者。

投资者通过拉长思考时间长度的方式，可以帮助其提升判断精度（客观性与准确性）与获利的概率。

时间长度参考建议：短期3–5年，长期10年以上。

心得六十一："护城河"

"护城河"一词在股票投资中出现频率极高。

那么"护城河"指的又是什么呢？"护城河"主要指公司在技术、产品、品牌、供应链、市场等层面的独特优势。

"护城河"的核心目的在于设置壁垒，抢占消费者心智（给潜在竞争对手制造压力，让其不敢轻易进入，从而避免其抢夺现有企业的市场、客户和利润）。

小提示：企业优势（"护城河"）需格外留心其"无形"层面（企业文化、理念以及品牌效应等）。

市场
供应链
产品
品牌
技术

心得六十二：投资中的疯狂行为

投资中的疯狂行为主要有以下四种：

一是卖房投资股票。

二是向朋友同事借贷投资股票。

三是借高利贷投资股票。

四是其他高杠杆形式投资股票。

小提示：投资者务必避免以上四种投资行为。

心得六十三：警惕复杂分析

投资者日常接触较多的“专业”分析主要有网络博主的股市操盘分析、走势图分析、精确买入卖出点分析、量化分析等。

以上分析复杂程度远超投资者想象，务必谨慎对待。

小提示：大道至简，越复杂离投资大道则越远。

心得六十四：远离荐股专家

真正的投资大师并非靠给投资者兜售投资建议赚钱。给投资者兜售建议的人往往另有所图。

假设这些投资“专家”所推荐的股票能赚钱，那为什么不“闷声发大财”呢？这是值得投资者深度思考的问题！

心得六十五：卖出公司

卖出公司主要基于风险与机会成本的考虑。

风险主要考虑公司基本运营状况，机会成本则主要考虑投资资金的潜在收益（替代收益）。

以下三种情况可考虑卖出公司：

1. 公司基本面

公司在管理、产品、服务等环节出现“极难修复”的问题，从而影响公司长远发展。

2. 重大事件

发生影响公司正常运营的重大事件（政策变动、技术变更等）。

3. 其他机会

更佳的投资机会（至少能带来 50% 的投资收益）。

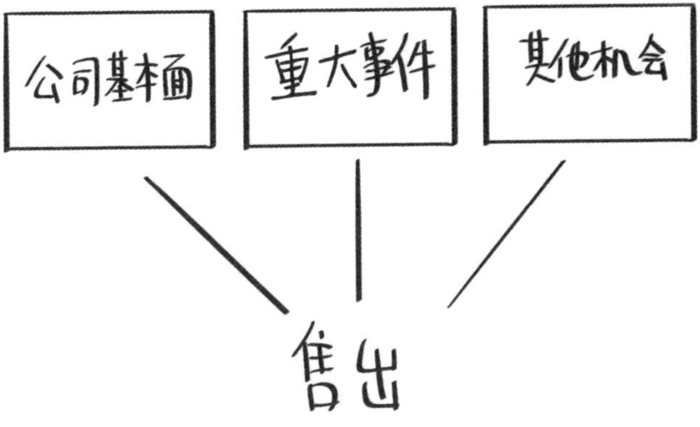

心得六十六：资金追加

追加投资资金主要有以下两种选择：

一是从原有投资组合中追加投资。

二是从新增投资机会中追加投资。

投资者追加资金时主要考虑该资金的机会成本（每 1 万元在不同股票间的投入产出比）。

小提示：新机会可遇不可求（原有投资组合中的优质公司是资金追加时的第一选择）。

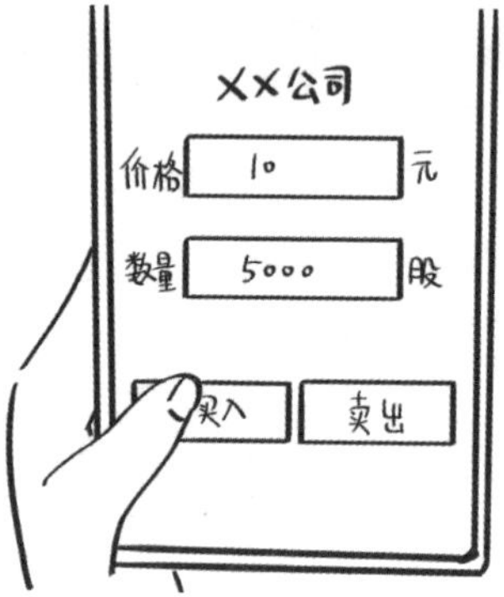

心得六十七：把握分寸

大众投资者最容易犯的两大错误：

一是特别留恋自己所投资的公司。

二是毫不留恋自己所投资的公司。

留恋与不留恋皆不可取，其中分寸的把握还需结合公司发展前景、财务数据等进行综合分析判断。

即使投资者考虑成熟也需分阶段买（卖），做到随时随机调整。

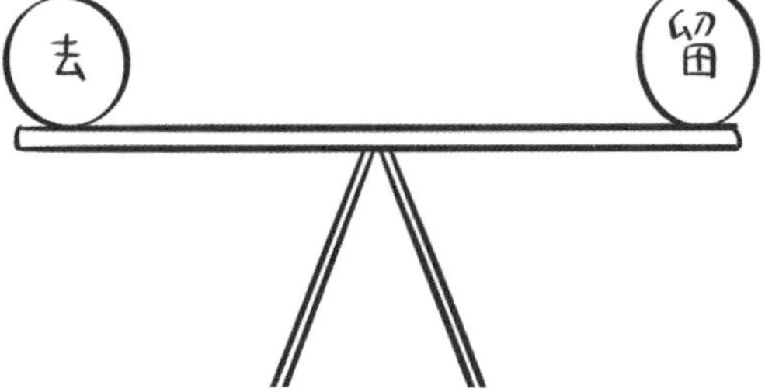

心得六十八：被忽略的成本

被投资者忽略掉的两大隐性成本：

一是频繁交易所产生的手续费、税费等。

二是频繁交易所耗费掉的大量时间与精力，以及给投资者身心方面所带来的痛苦与焦虑。

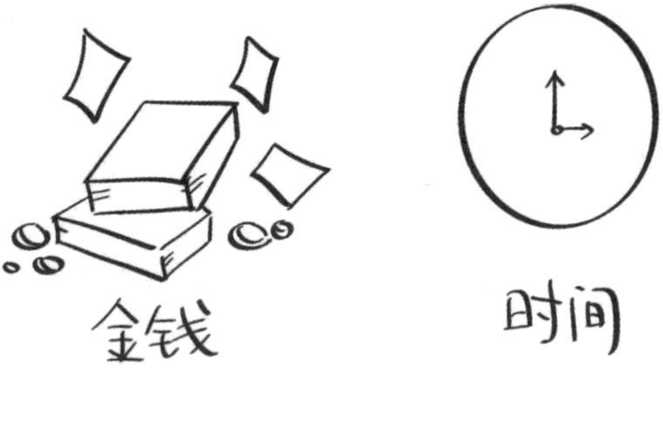

心得六十九：开放性思维

开放性思维能够帮助投资者发现常人未曾发现的机会。

投资者对于任何公司都应持有开放的态度（没有调查就没有发言权）。固执己见，盲目听从他人意见是错失重大机会的“罪魁祸首”。

俗语云“浑水摸大鱼”，争议越大机会则越大（前提是得有开放性思维，接纳不同意见的能力才有可能最终把握住机会）。

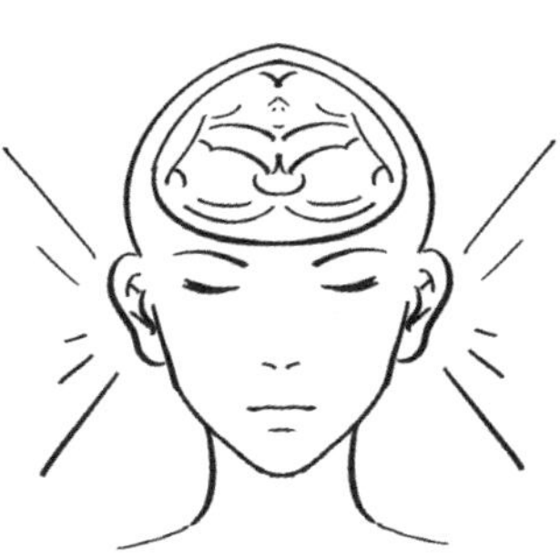

心得七十：避免投资倾向

投资者对其所工作的公司，经常购买的产品时常有特殊的投资倾向，这种倾向往往好坏参半。

从日常生活中去发现机会是好的一面，但仅凭喜好做出投资决策则是坏的一面。

投资者要想达到理想的投资效果则需将二者结合起来。既要从生活中熟悉的品牌（企业）去寻找机会，又要结合客观数据分析来辅助投资决策。

客观VS主观

心得七十一：建立信仰

信仰可理解为投资者做人做事的基本准则以及在投资时所持有的信念。

有信仰的投资者，在思考时更清晰，判断也更敏锐，时常还会获得意想不到的“灵感”。

做人做事（参考）准则：

凭良心，日感恩，活当下，严律己，常自省，思利他。

心得七十二：股票指数基金

普通投资者在缺乏必要知识与经验的前提下可选择投资于股票指数型基金。

股票指数型基金投资注意事项：

1. 定投

定投可以帮助投资者分摊指数价格波动所带来的风险。

2. 指数基金类型

未来发展前景广、价格低廉的指数型（行业）基金。

小提示：选择日常熟悉且发展前景良好的行业板块进行投资（优质基金少，选择务必慎重）。

价格低廉（3 年内业绩最低点 / 历史业绩最低点）。

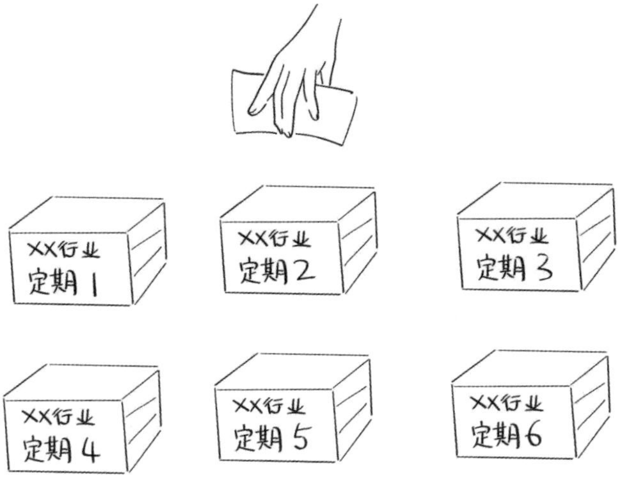
XX行业
定期1
XX行业
定期2
XX行业
定期3
XX行业
定期4
XX行业
定期5
XX行业
定期6

心得七十三：投资咨询

个人投资者在缺乏必要的专业知识、技能以及经验的前提下，有必要向专业投资人士寻求咨询。

专业投资人的定义：

1. 理念成熟

投资人拥有一套经过市场检验的成功投资方法。

2. 经验丰富

至少有10年的实际投资经验。

3. 人品可靠

为人低调、务实、讲诚信。

4. 业绩可验

有长期良好的投资业绩（少数成功主要源自运气）。

理念
经验
人品
业绩

心得七十四：投资心法

不为所动，时常保持一颗平常心（涨不乐，跌不忧）是投资中最为重要的心法。

不为所动主要指不被新闻媒体所鼓动，不为股市短期涨跌所心动，不被亲朋好友所策动。

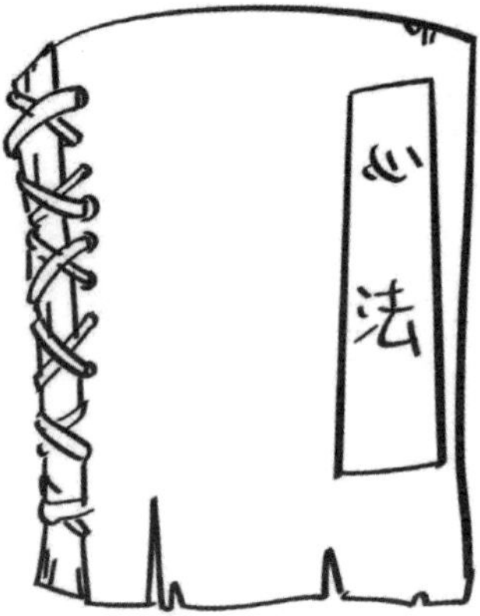

心得七十五：营收与利润

公司股价涨（跌）必定与公司营收，利润增长同步（短期有偏差，长期会修正）。

绝大部分公司的营收、利润增长短期内都无法做到快速提升（企业营收与利润增长是一个艰难且漫长的过程。这需要企业在管理、技术、产品、市场以及客户等层面长期投入与沉淀）。

在企业暂未成功或未被大众所熟知之前，投资者都有很好的低价买入机会（前提得有独到的眼光）。

新兴快速成长行业除外。

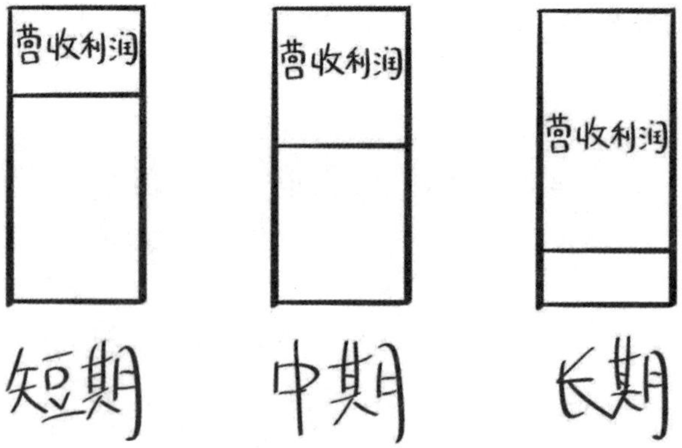
营收利润
营收利润
营收利润
短期
中期
长期

心得七十六：稳、准、狠

稳。平时要稳，耐心等待，寻找机会。

准。时机要准，把握好的时机会让投资事半功倍（时机把握考验真功夫）。

狠。出手要狠，不出手则已，一出手则要利益最大化。

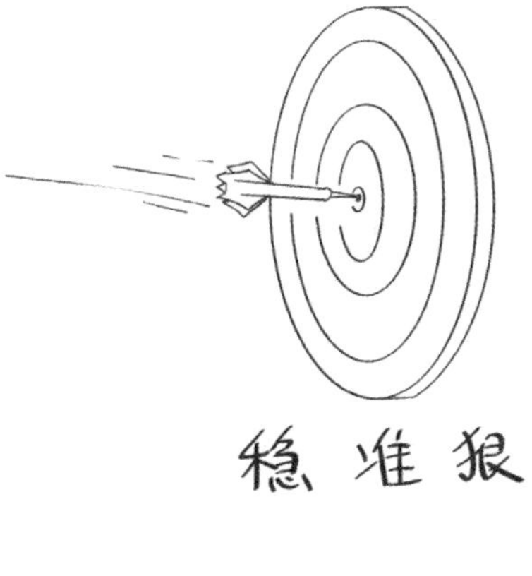

心得七十七：投资难

《道德经》云“轻诺必寡信，多易必多难”。

投资是一件尤为困难的事，但大部分投资者抱着轻视的态度与侥幸心理参与其中，选择走一条“先易后难”的道路。不过从买卖、亏损层面来说确实很容易。

大师级投资者则与之相反，走的是一条“先难后易”的道路。大师级投资者日常会从知识积累、智慧开发、商业敏锐度提升以及自身情绪把控等方面入手。通过不断提升自身实力（稳扎稳打，稳健投资），从而获取长期回报。

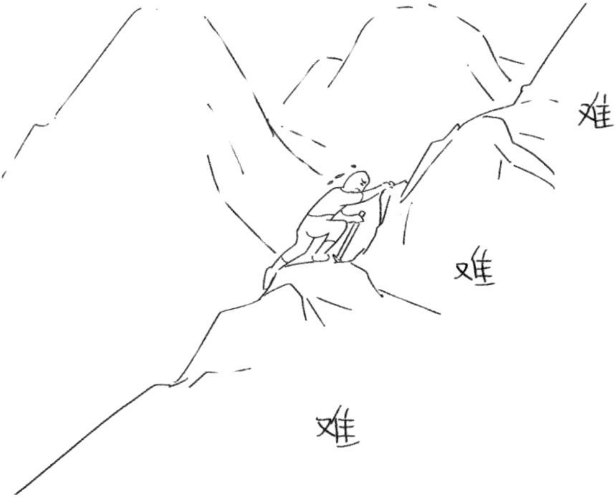
难
难
难

心得七十八：股票价格底部

股票价格没有绝对底部，所谓的底部价格也只是相对而言。

价格底部的把握尤为困难，以下三种判断方法供投资者参考。

一是股价位于近 3 年内的最低点。

二是股价跌落到其最高价的 50% 以下。

三是股票价格与企业价值比新低。

低价（参考）区间：5–30 元

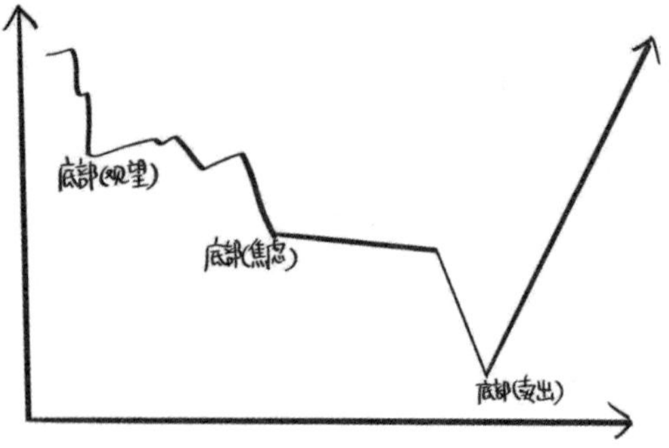

心得七十九：模糊准确

投资者对于公司数据的使用长期游走于两个极端。

一是完全忽视数据，这种情况下投资者全凭主观意愿来进行投资。

二是过分测算数据，过分测算公司数据则会让投资者陷入数字游戏中无法自拔。

小提示：股票投资非统计学，无须100%精确，只需做到“模糊”准确即可（提取关键数据辅助投资决策）。

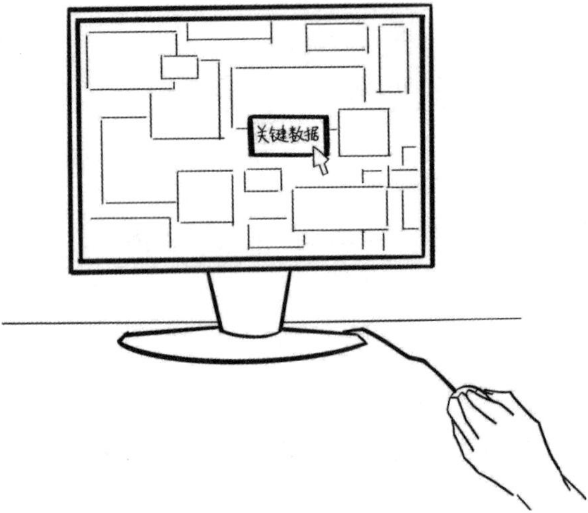
关键数据

心得八十：常识

常识是指社会对同一事物普遍性所达成的共识，是一种基础知识。股票投资并不需要高学历、高智商，初级数学水平就足以解决投资中的数据分析问题。

投资大师极少出自数学家、数据（量化）分析家、经济学家，而大多出自常识运用大家。

心得八十一：实践出真知

《论语》云："学而不思则罔，思而不学则殆。"

关于投资，这里可稍作改动，将其改为："学而不投则罔，投而不学则殆。"

"学"主要指投资理论知识的学习，"投"则主要指市场经验的积累。

学与投，投与学，缺一不可（尤其需警惕市场中只投不学的"吹牛者"）。

心得八十二：安全边际

安全边际主要指投资者的“容错”空间。

容错空间主要包括如下。

一是为未来不确定性留出空间（未来充满变数，难以预测）。

二是为决策失误留出空间（任何投资者都无法做到100%无误）。

三是为所投资公司留出空间（无法预知的突发状况）。

心得八十三：能力圈

能力圈≈安全圈

在自身能力范围内进行投资将大幅提升投资“安全系数”（风险更低）。

能力圈大小与投资者的认知水平直接相关（认知水平越高则能力圈越大，反之亦然）。

任何投资者都无法长期占有超过其认知水平以外的财富，这也正是投资大师每日不断阅读学习、进步提升的原因所在。

小提示：非日常接触并熟知的品牌（企业）均可算作能力圈外。

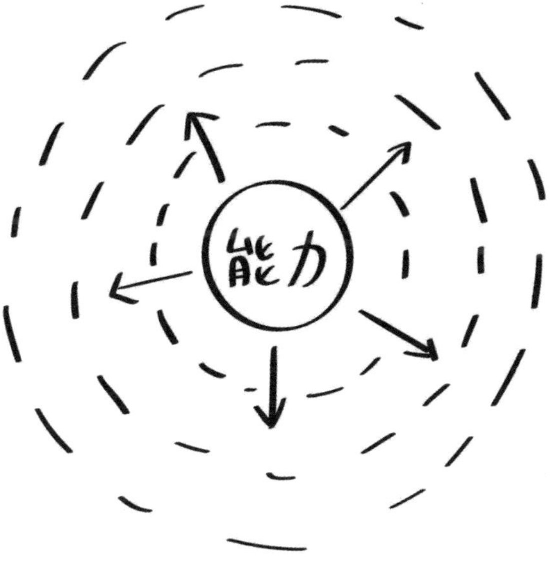
能力

心得八十四：抵抗诱惑

成功投资不在于投资多少公司，而在于“清退”多少公司。

市场每天都充斥着各种资讯与热点。投资者如果无法保持冷静且清醒的思考便会让自己迷失在资讯的汪洋大海之中（整日昏头昏脑地在市场里“拆盲盒”）。

心得八十五：投资选项

投资三选项：可以投资，不能投资，太难理解。

——摘录自股票投资大师语录

1. 可以投资

股票价格低，企业价值高（股票价格/企业价值）。

行业、公司发展前景明朗。

能力（圈）可触及范围内的公司。

2. 不能投资

股票价格高，企业价值低（股票价格/企业价值）。

行业、公司发展前景不明。

能力（圈）可触及范围外的公司。

3. 太难理解

公司业务、盈利模式、未来发展等无法用“一句话”描述清楚。

心得八十六：投资艺术

股票投资是一门科学，更是一门艺术。一个接受训练，习惯于对一切事物进行严格数学（据）分析的人反而有很大劣势（投资艺术 = 投资之道）。

——摘录自股票投资大师语录

心得八十七：财务三指标

1. 营业收入

营业收入高低是判断公司发展速度的重要指标。

高速发展行业，公司营收增长快。

低速发展行业，公司营收增长慢。

参考指标：10% 以下低，10%—20% 中，20% 以上高。

2. 利润率指标

利润率有毛利率与净利率之分。

毛利率（未扣除相关营运成本），毛利率越高代表公司竞争力越强。

净利率（扣除相关营运成本），净利率越高代表公司盈利能力越强。

参考指标（净利率）：10% 以下低，10%—20% 中，20% 以上高

3. 现金流

主要指经营性现金流，该指标反映企业日常运营的真实状况。

参考指标：经营性现金流流入为正且保持同比增长为佳。

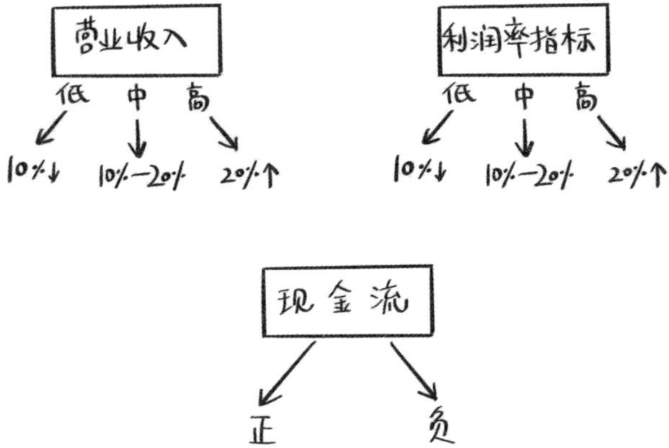

心得八十八：“大师”选股

1. 商业模式

低竞争，竞争强度低。

高门槛，进入条件高。

轻资产，资产投入少。

2. 管理结构

创始人 / 控股股东持股[①]。个人与公司利益深度捆绑有利于企业长期稳健发展，从而尽可能避免管理者的短期逐利行为。

合理资本管理。创始人深度参与管理的企业其资本利用效率普遍高于非创始人所管理的企业（作为创始人亲自参与管理的公司，在其使用企业资本盈余时考虑更全面，行动更谨慎，结果也会更理想）。

能否合理利用企业资本盈余是考验管

理人能力的重要指标，也是影响企业未来发展的关键所在。

竞争力薪酬体系。高薪酬（多劳多得），全员持股（增加员工福利待遇，增强员工主人翁意识，提升企业内在凝聚力）。

3. 未来成长

利润（营收）。长期保持15%（平均值）以上增长。

市值小[2]。市值越小，相对成长空间越大。

股本少[3]。购买（数量）需求相同的情况下，股本越少，股票价格增长幅度越高。

三新。新产品（令人心动且重复购买的产品）、新渠道、新品牌。

4. 公司财务

负债少。总负债率低[4]，如长期负债越少，利息等金融费用支出越低。

资产少。资产总额越少[5]，在利润相同的情况下，资产回报率就越高。

现金多。现金储备多，有助于公司抵御风险，有利于公司把握市场危机中的机会。

利润高。利润率越高[6]，公司盈利能力越强，投资者获得高额回报机会的概率则越大。

5. 股价评判

市盈率[7]。判断股票当前价格高低的最直观指标，就是以当前市盈率合理为思考出发点。

参考数值

①控股比例：高于34%；

②市值：50亿～200亿元；

③股本：5亿～15亿股；

④总负债率：10%～40%；

⑤资产额（固定资产+在建工程+无形资产）：10亿～70亿元；

⑥利润率：15%～40%；

⑦市盈率区间：5～20（该参考数值不包含超高市盈率以及未盈利企业）。

小提示：该选股标准主要针对中小（轻资产）成长型公司。

以上数值仅供投资者参考。

商业模式
公司财务
管理结构
股价高低
未来成长

心得八十九：股票与公司

看股票是股票，看公司是公司。

看股票不是股票，看公司不是公司。

看股票还是股票，看公司还是公司。

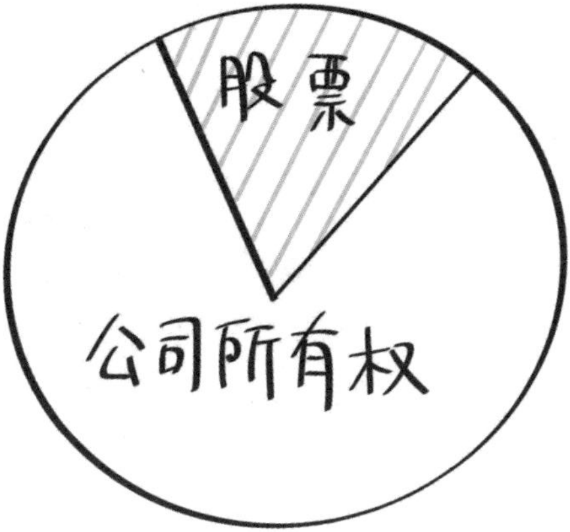

心得九十：股票涨与跌

看涨是涨，看跌是跌。

看涨不是涨，看跌不是跌。

看涨还是涨，看跌还是跌。

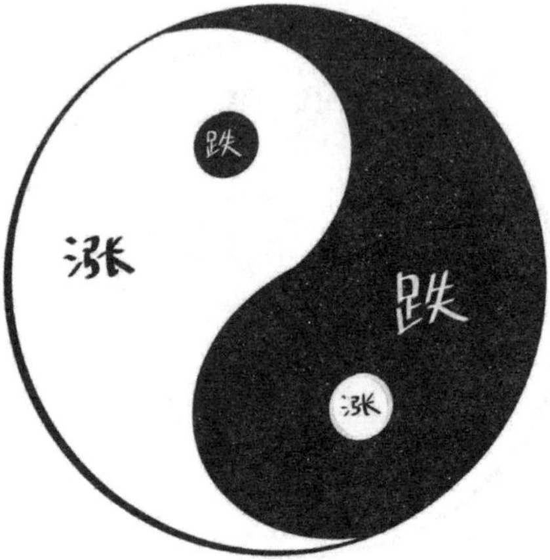